Mi libro ilustrado bilingüe

Mein zweisprachiges Bilderbuch

Los cuentos infantiles más bonitos de Sefa en un volumen

Ulrich Renz • Barbara Brinkmann:

Que duermas bien, pequeño lobo · Schlaf gut, kleiner Wolf

Edad recomendada: a partir de 2 años

Cornelia Haas • Ulrich Renz:

Mi sueño más bonito · Mein allerschönster Traum

Edad recomendada: a partir de 2 años

Ulrich Renz • Marc Robitzky:

Los cisnes salvajes · Die wilden Schwäne

Basado en un cuento de hadas de Hans Christian Andersen

Edad recomendada: a partir de 5 años

© 2024 by Sefa Verlag Kirsten Bödeker, Lübeck, Germany. www.sefa-verlag.de

Special thanks to Paul Bödeker, Freiburg, Germany

All rights reserved.

ISBN: 9783756305247

Leer · escuchar · entender

Que duermas bien, pequeño lobo

Schlaf gut, kleiner Wolf

Ulrich Renz / Barbara Brinkmann

español bilingüe alemán

Traducción:

Anneli Landmesser (español)

Audiolibro y vídeo:

www.sefa-bilingual.com/bonus

Acceso gratuito con la contraseña:

español: `LWES1428`

alemán: `LWDE1314`

¡Buenas noches Tim! Seguiremos buscando mañana.
Ahora ¡que duermas bien!

Gute Nacht, Tim! Wir suchen morgen weiter.
Jetzt schlaf schön!

Afuera ya ha oscurecido.

Draußen ist es schon dunkel.

¿Qué está haciendo Tim ahí?

Was macht Tim denn da?

Se está yendo al parque infantil.
¿Qué está buscando ahí?

Er geht raus, zum Spielplatz.
Was sucht er da?

¡El pequeño lobo!
No puede dormir sin él.

Den kleinen Wolf!
Ohne den kann er nicht schlafen.

¿Quién viene ahí?

Wer kommt denn da?

¡Marie! Está buscando su pelota.

Marie! Die sucht ihren Ball.

¿Y qué está buscando Tobi?

Und was sucht Tobi?

Su excavadora.

Seinen Bagger.

¿Y qué está buscando Nala?

Und was sucht Nala?

Su muñeca.

Ihre Puppe.

¿No tienen que ir a dormir los niños?
El gato se sorprende mucho.

Müssen die Kinder nicht ins Bett?
Die Katze wundert sich sehr.

¿Quién viene ahora?

Wer kommt denn jetzt?

¡La mamá y el papá de Tim!
Ellos no pueden dormir sin su Tim.

Die Mama und der Papa von Tim!
Ohne ihren Tim können sie nicht schlafen.

¡Y ahí vienen aún más! El papá de Marie.
El abuelo de Tobi. Y la mamá de Nala.

Und da kommen noch mehr! Der Papa von Marie.
Der Opa von Tobi. Und die Mama von Nala.

¡Ahora rápido a la cama!

Jetzt aber schnell ins Bett!

¡Buenas noches Tim!
Mañana ya no tendremos que buscar más.

Gute Nacht, Tim!
Morgen müssen wir nicht mehr suchen.

¡Que duermas bien, pequeño lobo!

Schlaf gut, kleiner Wolf!

Cornelia Haas • Ulrich Renz

Mi sueño más bonito

Mein allerschönster Traum

Traducción:

Raquel Catala (español)

Audiolibro y vídeo:

www.sefa-bilingual.com/bonus

Acceso gratuito con la contraseña:

español: **BDES1428**

alemán: **BDDE1314**

Mi sueño más bonito

Mein allerschönster Traum

Cornelia Haas · Ulrich Renz

español   bilingüe   alemán

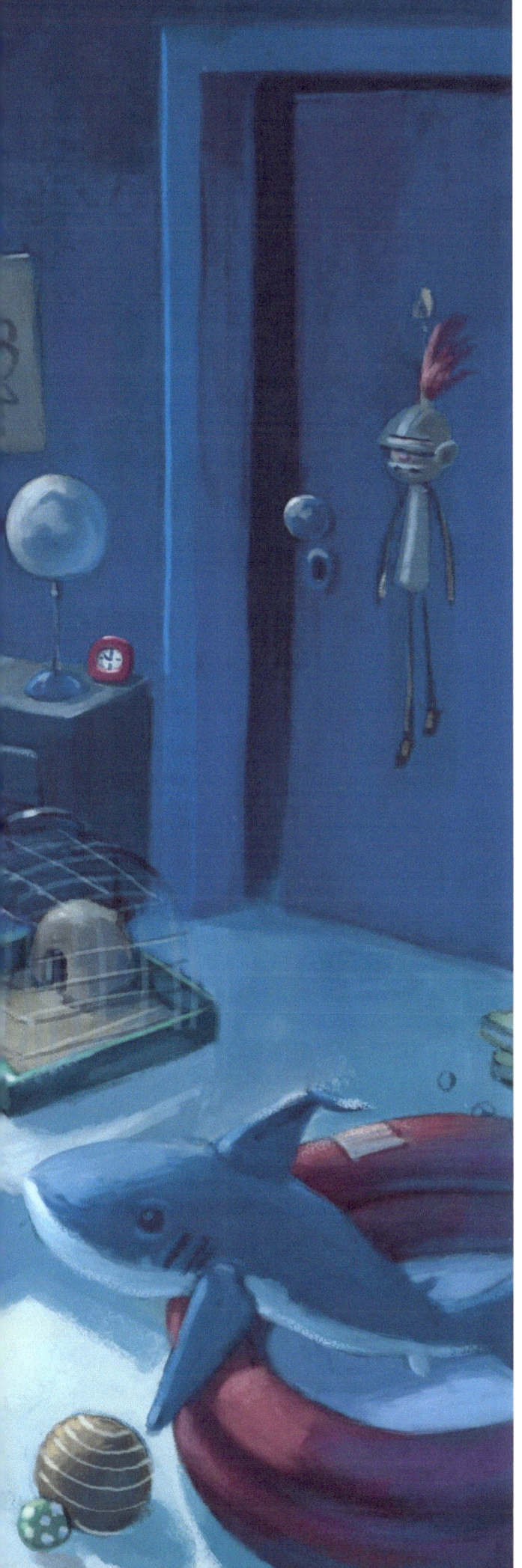

Lulu no puede dormir. Todos los demás ya están soñando – el tiburón, el elefante, el ratoncito, el dragón, el canguro, el caballero, el mono, el piloto. Y el pequeño leoncito. Al osito también se le cierran casi los ojos …

Oye osito, ¿me llevas contigo a tu sueño?

Lulu kann nicht einschlafen. Alle anderen träumen schon – der Haifisch, der Elefant, die kleine Maus, der Drache, das Känguru, der Ritter, der Affe, der Pilot. Und der Babylöwe. Auch dem Bären fallen schon fast die Augen zu …

Du Bär, nimmst du mich mit in deinen Traum?

Y así está Lulu en el país de los sueños de los osos. El osito está pescando en el lago de Tagayumi. Y Lulu se pregunta, ¿quién vivirá arriba en los árboles?

Al terminar el sueño, Lulu quiere descubrir aún más cosas. ¡Ven conmigo, vamos a visitar al tiburón! ¿Qué estará soñando?

Und schon ist Lulu im Bären-Traumland. Der Bär fängt Fische im Tagayumi See. Und Lulu wundert sich, wer wohl da oben in den Bäumen wohnt?
Als der Traum zu Ende ist, will Lulu noch mehr erleben. Komm mit, wir besuchen den Haifisch! Was der wohl träumt?

El tiburón está jugando a perseguir a los peces. ¡Por fin tiene amigos! Nadie tiene miedo de sus dientes puntiagudos.

Al terminar el sueño, Lulu quiere descubrir aún más cosas. ¡Venid con nosotros, vamos a visitar al elefante! ¿Qué estará soñando?

Der Haifisch spielt Fangen mit den Fischen. Endlich hat er Freunde! Keiner hat Angst vor seinen spitzen Zähnen.

Als der Traum zu Ende ist, will Lulu noch mehr erleben. Kommt mit, wir besuchen den Elefanten! Was der wohl träumt?

El elefante es tan ligero como una pluma y ¡puede volar! Está a punto de aterrizar en la pradera celestial.

Al terminar el sueño, Lulu quiere descubrir aún más cosas. ¡Venid con nosotros, vamos a visitar al ratoncito! ¿Qué estará soñando?

Der Elefant ist so leicht wie eine Feder und kann fliegen! Gleich landet er auf der Himmelswiese.
Als der Traum zu Ende ist, will Lulu noch mehr erleben. Kommt mit, wir besuchen die kleine Maus! Was die wohl träumt?

El ratoncito está mirando la feria. Lo que más le gusta es la montaña rusa. Al terminar el sueño, Lulu quiere descubrir aún más cosas. ¡Venid con nosotros, vamos a visitar al dragón! ¿Qué estará soñando?

Die kleine Maus schaut sich den Rummel an. Am besten gefällt ihr die Achterbahn.

Als der Traum zu Ende ist, will Lulu noch mehr erleben. Kommt mit, wir besuchen den Drachen! Was der wohl träumt?

El dragón tiene sed de tanto escupir fuego. Le gustaría beberse todo el lago de limonada.

Al terminar el sueño, Lulu quiere descubrir aún más cosas. ¡Venid con nosotros, vamos a visitar al canguro! ¿Qué estará soñando?

Der Drache hat Durst vom Feuerspucken. Am liebsten will er den ganzen Limonadensee austrinken.

Als der Traum zu Ende ist, will Lulu noch mehr erleben. Kommt mit, wir besuchen das Känguru! Was das wohl träumt?

El canguro salta por la fábrica de dulces y llena toda su bolsa. ¡Más de los caramelos azules! ¡Y más piruletas! ¡Y chocolate!

Al terminar el sueño, Lulu quiere descubrir aún más cosas. ¡Venid con nosotros, vamos a visitar al caballero! ¿Qué estará soñando?

Das Känguru hüpft durch die Süßigkeitenfabrik und stopft sich den Beutel voll. Noch mehr von den blauen Bonbons! Und mehr Lollis! Und Schokolade!

Als der Traum zu Ende ist, will Lulu noch mehr erleben. Kommt mit, wir besuchen den Ritter! Was der wohl träumt?

El caballero está teniendo una pelea de pasteles con la princesa de sus sueños. ¡Oh, no! ¡El pastel de crema ha ido en la dirección equivocada! Al terminar el sueño, Lulu quiere descubrir aún más cosas. ¡Venid con nosotros, vamos a visitar al mono! ¿Qué estará soñando?

Der Ritter macht eine Tortenschlacht mit seiner Traumprinzessin. Oh! Die Sahnetorte geht daneben!
Als der Traum zu Ende ist, will Lulu noch mehr erleben. Kommt mit, wir besuchen den Affen! Was der wohl träumt?

¡Por fin ha nevado en el país de los monos! Toda la banda de monos se ha vuelto loca y está haciendo tonterías.

Al terminar el sueño, Lulu quiere descubrir aún más cosas. ¡Venid con nosotros, vamos a visitar al piloto! ¿En qué sueño habrá aterrizado?

Endlich hat es einmal geschneit im Affenland! Die ganze Affenbande ist aus dem Häuschen und macht Affentheater.
Als der Traum zu Ende ist, will Lulu noch mehr erleben. Kommt mit, wir besuchen den Piloten! In welchem Traum der wohl gelandet ist?

El piloto vuela y vuela. Hasta el fin del mundo y aún más allá, hasta las estrellas. Esto no lo ha conseguido ningún otro piloto.

Al terminar el sueño, están ya todos muy cansados y no desean descubrir mucho más. Pero aún quieren visitar al pequeño leoncito. ¿Qué estará soñando?

Der Pilot fliegt und fliegt. Bis ans Ende der Welt und noch weiter bis zu den Sternen. Das hat noch kein anderer Pilot geschafft.
Als der Traum zu Ende ist, sind alle schon sehr müde und wollen nicht mehr so viel erleben. Aber den Babylöwen wollen sie noch besuchen. Was der wohl träumt?

El pequeño leoncito tiene nostalgia y quiere volver a su cálida y acogedora cama.
Y los demás también.

Y ahí empieza ...

Der Babylöwe hat Heimweh und will zurück ins warme, kuschelige Bett.
Und die anderen auch.

Und da beginnt ...

... el sueño más bonito
de Lulu.

... Lulus
allerschönster Traum.

Ulrich Renz • Marc Robitzky

Los cisnes salvajes
Die wilden Schwäne

Traducción:

Marcos Canedo, Anouk Bödeker (español)

Audiolibro y vídeo:

www.sefa-bilingual.com/bonus

Acceso gratuito con la contraseña:

español: **WSES1428**

alemán: **WSDE1314**

Ulrich Renz · Marc Robitzky

Los cisnes salvajes

Die wilden Schwäne

Basado en un cuento de hadas de

Hans Christian Andersen

+ audio + video

español — bilingüe — alemán

Había una vez doce hijos de un rey – once hermanos y una hermana mayor, Elisa. Ellos vivían felices en un castillo hermoso.

Es waren einmal zwölf Königskinder – elf Brüder und eine große Schwester, Elisa. Sie lebten glücklich in einem wunderschönen Schloss.

Un día murió la madre y algún tiempo después, el rey se volvió a casar. Pero la nueva esposa era una bruja malvada. Convirtió a los once príncipes en cisnes y les mandó a un país muy lejano más allá del gran bosque.

Eines Tages starb die Mutter, und einige Zeit später heiratete der König erneut. Die neue Frau aber war eine böse Hexe. Sie verzauberte die elf Prinzen in Schwäne und schickte sie weit weg in ein fernes Land jenseits des großen Waldes.

A la niña la vistió con harapos y le puso una crema fea en la cara, de manera que ni su propio padre la reconoció y la echó del castillo. Elisa corrió al bosque oscuro.

Dem Mädchen zog sie Lumpen an und schmierte ihm eine hässliche Salbe ins Gesicht, so dass selbst der eigene Vater es nicht mehr erkannte und aus dem Schloss jagte. Elisa rannte in den dunklen Wald hinein.

Ahora estaba más sola que nunca y añoró con toda el alma a sus hermanitos desaparecidos. Cuando anocheció, se hizo una cama de musgo bajo los árboles.

Jetzt war sie ganz allein und sehnte sich aus tiefster Seele nach ihren verschwundenen Brüdern. Als es Abend wurde, machte sie sich unter den Bäumen ein Bett aus Moos.

A la mañana siguiente siguiente llegó a un lago de aguas tranquilas y se asustó cuando vió su imagen reflejada en el agua. Pero después de haberse lavado, fue la princesa más linda bajo el sol.

Am nächsten Morgen kam sie zu einem stillen See und erschrak, als sie darin ihr Spiegelbild sah. Nachdem sie sich aber gewaschen hatte, war sie das schönste Königskind unter der Sonne.

Después de muchos días, Elisa llegó al gran mar. En las olas, once plumas de cisne se mecían.

Nach vielen Tagen erreichte Elisa das große Meer. Auf den Wellen schaukelten elf Schwanenfedern.

Cuando se puso el sol, hubo un murmullo en el aire y once cisnes salvajes aterrizaron sobre el agua. Elisa reconoció inmediatamente a sus hermanos embrujados. Pero como hablaban el idioma de cisnes, ella no les podía entender.

Als die Sonne unterging, war ein Rauschen in der Luft, und elf wilde Schwäne landeten auf dem Wasser. Elisa erkannte ihre verzauberten Brüder sofort. Weil sie aber die Schwanensprache sprachen, konnte sie sie nicht verstehen.

De día los cisnes salían volando, de noche los hermanos y la hermana se acurrucaban los unos con los otros en una cueva.

Una noche, Elisa tuvo un sueño extraño: Su madre le dijo cómo podría liberar a sus hermanos. Tendría que tejer una camiseta de ortiga, una mala hierba con hojas punzantes, para cada uno de los cisnes y vestirles con ella. Pero hasta entonces no podría decir ni una palabra, de lo contrario sus hermanos morirían.
Elisa empezó de inmediato con su trabajo. Aunque sus manos le ardían como fuego, seguía tejiendo incansablemente.

Tagsüber flogen die Schwäne fort, nachts kuschelten sich die Geschwister in einer Höhle aneinander.

Eines Nachts hatte Elisa einen sonderbaren Traum: Ihre Mutter sagte ihr, wie sie die Brüder erlösen könne. Aus Brennnesseln solle sie für jeden Schwan ein Hemdchen stricken und es ihm überwerfen. Bis dahin aber dürfe sie kein einziges Wort reden, sonst müssten ihre Brüder sterben.
Elisa machte sich sofort an die Arbeit. Obwohl ihre Hände wie Feuer brannten, strickte sie unermüdlich.

Un día sonaron cornetas de caza a lo lejos. Un príncipe llegó con su séquito y de pronto estuvo frente a ella. Cuando los dos se miraron a los ojos, se enamoraron.

Eines Tages ertönten in der Ferne Jagdhörner. Ein Prinz kam mit seinem Gefolge angeritten und stand schon bald vor ihr. Als die beiden sich in die Augen schauten, verliebten sie sich ineinander.

El príncipe levantó a Elisa en su caballo y cabalgó con ella hasta su castillo.

Der Prinz hob Elisa auf sein Pferd und nahm sie mit auf sein Schloss.

El poderoso tesorero estaba de todo menos contento con la llegada de la bella princesa silenciosa. Pues su propia hija debía ser la novia del príncipe.

Der mächtige Schatzmeister war über die Ankunft der stummen Schönen alles andere als erfreut. Seine eigene Tochter sollte die Braut des Prinzen werden.

Elisa no había olvidado a sus hermanitos. Cada noche seguía trabajando en las camisetas. Una noche se fue al cementerio para buscar ortigas frescas. En esto, el tesorero le observó en secreto.

Elisa hatte ihre Brüder nicht vergessen. Jeden Abend arbeitete sie weiter an den Hemdchen. Eines Nachts ging sie hinaus auf den Friedhof, um frische Brennnesseln zu holen. Dabei beobachtete der Schatzmeister sie heimlich.

Tan pronto como el príncipe fue de cacería, el tesorero hizo meter en el calabozo a Elisa. Afirmó que era una bruja que se reunía con otras brujas por las noches.

Sobald der Prinz auf einem Jagdausflug war, ließ der Schatzmeister Elisa in den Kerker werfen. Er behauptete, dass sie eine Hexe sei, die sich nachts mit anderen Hexen treffe.

En la madrugada, Elisa fue recogida por los guardias. Debía ser quemada en la plaza principal.

Im Morgengrauen wurde Elisa von den Wachen abgeholt. Sie sollte auf dem Marktplatz verbrannt werden.

En cuanto llegó ahí, once cisnes blancos se acercaron volando. Rápidamente Elisa les lanzó las camisetas vistiendolos. De pronto todos sus hermanos se encontraban frente a ella en su forma humana. Solo el menor, cuya camiseta no estaba del todo terminada, se quedó con una ala en lugar de un brazo.

Kaum war sie dort angekommen, als plötzlich elf weiße Schwäne geflogen kamen. Schnell warf Elisa jedem ein Nesselhemdchen über. Bald standen alle ihre Brüder in Menschengestalt vor ihr. Nur der Kleinste, dessen Hemd nicht ganz fertig geworden war, behielt anstelle eines Armes einen Flügel.

Las caricias y besos todavía no habían acabado cuando el príncipe regresó. Por fin Elisa le pudo explicar todo. El príncipe hizo meter en el calabozo al malvado tesorero. Y luego, se celebró la boda por siete días.

Y vivieron felices y comieron perdices.

Das Herzen und Küssen der Geschwister hatte noch kein Ende genommen, als der Prinz zurückkam. Endlich konnte Elisa ihm alles erklären. Der Prinz ließ den bösen Schatzmeister in den Kerker werfen. Und dann wurde sieben Tage lang Hochzeit gefeiert.

Und wenn sie nicht gestorben sind, dann leben sie noch heute.

Hans Christian Andersen

Hans Christian Andersen nació en 1805 en la ciudad danesa Odense y murió en 1875 en Kopenhagen. Con sus cuentos de hadas como «La pequeña sirena», «El traje nuevo del emperador» o «El patito feo» obtuvo fama mundial. El cuento «Los cisnes salvajes» fue publicado por primera vez en 1838. Desde entonces, fue traducido a más de 100 idiomas y adaptado en muchas versiones, como ser teatro, películas y musicales.

Barbara Brinkmann nació en 1969 en Munich (Alemania) y creció en los Prealpes Bavareses. Estudió arquitectura en Munich y actualmente es investigadora asociada en la Facultad de Arquitectura de la Universidad Técnica de Munich. Además, trabaja como diseñadora gráfica, ilustradora y autora independiente.

Cornelia Haas nació en 1972 cerca de Augsburg, Alemania. Después de su formación como fabricante de cárteles publicitarios, estudió diseño en la escuela técnica superior en Münster y allí se graduó como diseñadora. Desde 2001 ha ilustrado libros infantiles y juveniles, desde 2013 enseña como profesora de pintura acrílica y digital en la escuela técnica superior de Münster.

Marc Robitzky, nacido en el año 1973, estudió en la Escuela Técnica Superior de Bellas Artes en Hamburgo y en la Academia de Artes Visuales en Frankfurt. Trabaja como ilustrador de profesión libre y diseñador de comunicación en Aschaffenburg, Alemania.

Ulrich Renz nació en 1960 en Stuttgart (Alemania). Después de estudiar literatura francesa en París, se graduó en la facultad de medicina de Lübeck y trabajó como director de una editorial científica. Hoy en día trabaja como publicista autónomo y, además de escribir libros de divulgación científica, escribe cuentos y libros infantiles.

¿Te gusta pintar?

Aquí encontrarás las ilustraciones de la historia para colorear:

www.sefa-bilingual.com/coloring

www.ingramcontent.com/pod-product-compliance
Lightning Source LLC
LaVergne TN
LVHW070441080526
838202LV00035B/2691